Das Buch

Dieses Buch vereint die beiden ersten Gedichtbände des irakischen Dichters Kadhem Khanjar *Picknick mit Sprengstoffgürtel* und *Wir kämpfen zum Vergnügen*. Die Bilder expliziter Gewalt, von denen Khanjars Texte durchzogen sind, entsprechen einem breiten Trend in aktueller arabischer Literatur, ein Widerschein der teilweise dystopischen Realitäten der Region.

Der Autor

Kadhem Khanjar ist Lyriker und Performer und wurde 1990 in der Nähe von Babylon geboren. Er lebt in Bagdad. Seine Gedichtbände erschienen auf Arabisch bei Almutawassit (Italien) und Dar al-Maktutat (Niederlande) und auf Französisch bei Pleine Page.

Die Übersetzerin

Sandra Hetzl arbeitet als Übersetzerin aus dem Arabischen und lebt in Berlin. Sie übersetzt unter anderem die Werke von Rasha Abbas, Aref Hamza oder Mohammad Al Attar.

Die Übersetzung aus dem Arabischen wurde mit Mitteln des Auswärtigen Amts unterstützt durch Litprom e.V. – Literaturen der Welt.

Kadhem Khanjar

Dieses Land gehört euch

Gedichte

Aus dem Arabischen
von Sandra Hetzl

Picknick mit Sprengstoffgürtel

„Eilmeldung: Massengrab entdeckt in der Nähe von …“

Gestern war ich wieder in der Gerichtsmedizin. Sie wollten
einen Fingerabdruck mit Nukleinsäure. Sie sagten,
sie hätten ein paar Knochen gefunden,
deren Identität noch nicht geklärt sei.
Auch dieses Mal suchte ich – wie eine Orange – nach dem
Schälmesser der Hoffnung.

Jetzt, lieber Bruder, bin ich zu Hause. Ich wische den Staub
von den Plastikblumen, die dein Foto umranken
und begieße sie mit Tränen.

***

Der medizinische Bericht sagt, diese Tüte voller Knochen,
deren Entgegennahme ich heute unterzeichnet habe, bist du.
Aber das ist viel zu wenig. Ich habe sie vor ihnen
auf dem Tisch ausgebreitet. Wir zählten noch einmal nach:
ein Schädel mit sechs Löchern, ein einzelnes Schlüsselbein,
drei Rippen zuviel, ein gebrochener Oberschenkel, ein
Haufen Karpalknochen und ein paar Wirbel.
Kann dieses Bisschen ein Bruder sein?
Der medizinische Bericht behauptet das. Ich steckte die
Knochen wieder in die Tüte, klopfte die Erde von meinen
Handflächen, pustete den Rest auf den Tisch, packte dich
auf meinen Rücken und ging.

***

Im Bus habe ich die Tüte neben mich gesetzt. Ich zahlte für zwei Sitzplätze. Das geht diesmal auf mich. Heute bin ich groß genug geworden, dich auf meinem Rücken zu tragen und deine Fahrkarte zu zahlen.

***

Ich habe niemandem etwas davon gesagt, dass ich dieses Bisschen entgegengenommen habe. Ich beobachte, wie deine Frau und Kinder dicht an dem Sofa vorbeigehen, auf dem ich dich abgesetzt habe.
Ich wünschte, einer von ihnen möge die Tüte öffnen. Ich wünschte, sie würden dich ein letztes Mal sehen. Aber du bist ein Dickschädel, bis auf die Knochen. Später wundern sie sich noch über den Tränenfleck auf dem Sofa …!

***

Seit einer Stunde ordne ich diese feuchten Knochen auf dem Boden des Sarges und versuche,
dich zu vervollständigen.
Nur die Sargnägel wissen,
dass das zu wenig ist.

Leichen

Sie pflegten die Leichen miteinander zu vermengen,
und wenn wir frühmorgens hinaus
auf den Platz liefen, tapsten wir wie trübe Augen und
ordneten Köpfe Körpern zu, während wir tief in uns
wussten, dass wir die Köpfe an Körper vergaben, die sie gar
nicht kannten. Jetzt ordnen sie die Leichen, geben ihnen
Einheitskleidung und legen die Köpfe auf die Rücken.
Aber hinaus laufen wir nicht mehr,
denn diese ordentlichen Leichen haben mittlerweile
unsere Vorgärten erreicht.

***

Wir schätzen das Alter des Todespflänzchens bei den
Leichen, die sie auf dem Asphalt liegenlassen,
immer anhand der zerlaufenen Fettlache unter ihnen.
Bei auf der Erde liegenden Leichen gelingt uns das nicht.

***

Mein Vater / meine Mutter zanken seit drei Stunden. Ich
glaube nicht, dass er sie umbringen wird, wie er droht.
Unser Vorgarten wäre zu klein für eine Leiche.

***

Sie veröffentlichten ein Foto seiner Leiche auf Facebook.
Der Leiche meines kleinen Bruders.
Und nachdem wir ihn nirgends finden konnten,
druckten wir das Foto aus,
wuschen es, wickelten es in ein Tuch und begruben es
auf dem Familienfriedhof.

***

Die Mörsergranaten drücken die Tür der Dachterrasse auf,
gleiten die Treppe hinab,
fressen den Kühlschrank leer, dann die Küche,
dann das ganze Haus, bis sie zum Platzen voll sind.
Dann kommen die Männer vom zivilen Luftschutz,
ziehen unsere Leichen aus ihren Bäuchen und werfen uns
auf unsere Nachbarn.

***

Wir stehen einander gegenüber und hieven Leichen auf die
Wagenladefläche; du redest über ihr Gewicht, über die
Intensität ihres Gestanks und lange noch über das
Aufsammeln verstreut herumliegender Körperteile,
während mein Blick eine blinde Mündung fixiert, in die
ich mit einem Auge hineinsehe und durch die ich meine
schlafende Frau untersuche:
Atmet sie noch?

Ich lenke das Auto wie ein verbrennendes Gebäude,
das einsam erlischt.
Selbst Feuer stirbt schneller, wenn man ihm
keine Beachtung schenkt.

Terrorist

Wenn der Polizist dich durchsucht, sobald du den Markt
betrittst, gibt er dir das Gefühl, du bist ein
Terrorist.
Wenn du mit deinen Augen den Stacheldraht durchdringst,
der dein Haus von der Straße abgrenzt,
durchdringst du ihn als Terrorist.
Jedes Mal, wenn du neben den Betonklötzen vor deinem
Arbeitsplatz entlangläufst,
läufst du dort als Terrorist.
Jedes Mal, wenn du deinem Vermieter die Miete übergibst,
nimmt er sie entgegen
wie von einem Terroristen.
Und wenn du mit deinen Kindern fernsiehst,
kannst du deinen Terrorismus aus den Mündern der
anderen hören.
Und wenn du deinen Bruder im Gefängnis besuchst,
checkt das Wachpersonal im Computer deinen Namen,
vielleicht bist du ja einer, nach dem sie fahnden, oder gar
ein Terrorist.
Und während du dein Motorrad auf dem Gehweg parkst,
denkt der Besitzer des Ladens, dein Motorrad ist
sprengstoffbeladen und du ein Terrorist.
Wenn du mit deiner Frau zum Orthopäden gehst,
musst du allein vor der Praxis warten wie ein Terrorist.

Voll Terrorismus kaufst du deinen Whisky
und kriechst auf den Augenspießen der anderen
von dannen.
Ich schlucke meine Terrorismuspille täglich, morgens,
mittags und abends, immer nach dem Essen, wie der
Apotheker mir empfohlen hat – der Hundesohn.

Halsabschneider

Ausgestreckt auf dem Bauch,
meine Hände hinten gefesselt,
ziehen eure Militärstiefel ihre Kreise.
Ihr macht noch einen Soundcheck
und stellt die Menschen im Halbkreis auf.
Es war viel die Rede von Allah, Mohammad u. Ä.
in der Ansprache,
die Abu Abdullah al-Muhadschir gehalten hat.
Ich hätte so gern gesehen,
welche Farbe das Bajonett hatte,
und wie scharf seine Klinge war,
und mit euch meinen Kopf getragen
und gefeiert.

***

Er beugte sich hinunter,
drückte den Messergriff in seiner Hand, die freidrehte,
wie ein im Schlamm steckendes Auto,
das nicht von der Stelle kommt.

***

In der Nacht
laufen die Strommasten
mit den abgeschnittenen Köpfen zu den Körpern,
nachdem diese von Füßen herumgereicht wurden
und von amerikanischen Bajonetten
und Fliegen.

***

Das Bajonett am Hals
kommt und geht
wie eine feuchte Streichholzschachtel,
mit der sie versuchen, den Herrn des Holzes
zu entflammen …!

***

Er ist weder kugel-
noch kreisförmig,
noch feucht,
noch leicht,
noch abgetrennt.
Und ich meine den Kopf, der in deiner Hand rotiert.

***

Gebt mir meinen Kopf,
damit ich nach Hause kann.

***

Jede Nacht
schleppe ich meine Augen auf den Blindenhügel
… schüttele sie aus,
doch die abgetrennten Köpfe fallen nicht raus.
Ich schüttele sie aus,
doch die abgetrennten Köpfe fallen nicht raus.

Eure Toten bekommt ihr nicht, denn:

1.
Wir wissen nicht, welche der Leichen zu euch gehören
und welche zu ihnen.
Zudem gibt es keine Köpfe, anhand derer sich
das bestimmen ließe.

2.
Es gibt neue Generationen streunender Hunde,
abgerichtet
auf Menschenfleisch.

3.
Wenn du der einzige Lebende bist unter Leichen,
dann bist du wie eine Leiche
unter Lebenden.

4.
Dass du eine Leiche unter einem Fliegenteppich
hervorziehst
– was bedeutet das?!

5.

Auf dem Fernsehbildschirm
wird eine Kurzmeldung erscheinen:
Archäologen seien auf Gemeinschaften gestoßen,
die ihre Toten
übereinandergeschichtet in einem einzigen Grab
begraben hätten,
und es gebe Hinweise für eine Menschengattung
ohne Kopf,
mit Händen hinter dem Rücken.
Es wäre nur eine Kurzmeldung.

6.

Eines ist sicher: Bewegen werden sich die Toten nicht;
sie haben sich in den Schlaf geweint.

7.

Was glaubt ihr wohl, warum wir
Bagger importieren müssen?

8.

Ihr könntet höchstens alles mit Grabsteinen bepacken:
Dächer, Straßen, Bürgersteige
und eure Rücken.

9.

Wir wissen es doch beide: das Gewehr ist ein leerer Kelch.
Wir beide wetteifern, wer seinen Hass darin ergießen darf,
und dann klemmen wir uns beide die Finger ein in der Tür,
wenn jeder von uns sein Grab betritt.

Messer

Das Messer ist ein in deiner Handfläche begrabener
Friedhof.

***

Jedes Mal, wenn ich ein Messer nehme, schlüpfe ich
in meine Hand.

***

Das Messer hat zwei Augen
einen Bauch
einen Rücken
einen Schenkel
eine Taille
aber eine Hand hat es nicht.

***

Das Messer ist der sechste Finger des Propheten,
der Kompass der Gläubigen,
das Kissen der Hungrigen.

***

– Ist Gott ein Witz? Ein Polizist?
Oder ein Messer?

***

Beim Schlachten … ist das Messer eine Ameisenkarawane,
die über den Hals läuft.

***

Das Messer kennt tausend Arten zu schlachten, ich aber
habe nur eine blinde Kehle.

***

Verzeihen Sie, Herr Mörder – Sie haben Ihr Messer
in meinem Hals vergessen!

***

Entschuldige, dass ich dich mit meinem Messer
geschlachtet habe – ich wollte nur einmal
meine Hand ausprobieren.

***

Das Messer ist beim Erstechen
wie der Büffel im Wasser.

***

Haushaltsmesser sind wie Vögel, die einem
aus der Hand fressen.

***

Messer in Filmen sind so kalt wie abgeschnittene
Mädchenfinger.

***

Auch ein Messer hat Frau und Kinder,
zu denen es zurückkehrt.

***

Je lockerer man den Griff hält, desto mehr Blüten
treibt ein Messer.

***

Schlächter und Geschlachteter,
ja, sogar Messer und Hals schließen nun die Augen.
Nur Gott öffnet seine, so weit er kann!

***

Die Finger haben mich gelehrt, dass Griffe zu Messern
gehören können
zu Türen
zu Koffern
zu Revolvern
und dass es keinen Griff in der Luft gibt
beim Ertrinken.

Grünes Fleisch

Ich habe ein Loch im Herzen,
das sich weitet, wenn ich lache.
Da gehen Kriege ein und aus.
Ich habe eine Narbe im Gesicht,
eine tiefe Furche,
die immer blutet, wenn eure Augen sie umschwirren.
Von einem Sprengstoffgürtel habe ich sie bekommen,
als ich dich, Mohannad Fahem,
alleine gehen ließ, in die Buchhändlerstraße.
Ich habe einen kleinen Friedhof im Zimmer,
der für ein einziges Auge reicht
und für ein paar Finger.
Ich habe eine Pistole
mit vielen toten Wunden drin.

Ich bin ein sehr schlichter Mörder

Ich gehe durchschnittlich drei Mal im Jahr Blut spenden.
Ich esse kein Fleisch.
Ich habe keinen Job.
Meine Frau ist gerade im zweiten Monat schwanger.
Wie die Pritsche im Unfallkrankenhaus stehe ich da,
um euch zu sagen:
Ich bin ein sehr schlichter Mörder.

Panzer

Dazustehen, mit schweigenden Armen
beim Leichnam deines dem Asphalt
gleichgemachten Sohnes,
während die Passanten immer wieder sagen:
Sie haben ihn mit der Raupe überrollt.

***

Mit gestutzten Armen
scheuchst du Fliegen von ihm fort.
Mit vor Ratlosigkeit triefenden Armen
hebst du ihn vorsichtig auf
wie ein Kind, das zwei zusammenklebende Seiten in
seinem Schulheft auseinanderpult.

Schwarze Flaggen

Die gehissten Flaggen
auf euren und unseren Straßen,
über euren und unseren Brücken,
über euren und unseren gebrochenen Augen,
über euren und unseren Toten.
Die Flaggen sind unser flatternder Hass.
Die Flaggen sind Messer aus Stoff.

Wir sind die Iraker

Mit tätowierten Armen bewerfen US-Soldaten
aus dem Helikopter
unsere auf den Dächern schlafenden Frauen
mit Flugblättern.
Wir sind die Iraker.
Täglich schaufeln unsere Mütter uns zum Frühstück
die Teller voll mit Sektarianismus[1]
und wir schlucken ihn, bis er uns zum Halse herauskommt.
Wir sind die Iraker.
Wir machen unseren Häusern eiserne Türen und
verrosten dahinter.
Wir sind die Iraker.
Wenn einer von uns stirbt, schießen wir so lange,
bis es einen weiteren Toten gibt.
Wir sind die Iraker.
Wir lassen die Hähne kämpfen und wischen uns
das Blut ab.
Wir sind die Iraker.
Armeehunde reiben uns an Checkpoints ihre Schnauzen
in die Augen.
Wir sind die Iraker.
Wir pflanzen Friedhöfe vor Häuser.
Wir sind die Iraker.
Wir schwirren um den Hilfsgüter-LKW
wie die Perlen einer gerissenen Gebetskette
auf einer Trauerfeier.

Wir sind die Iraker.
An seinen kurzen Seiten vereint der Sarg unsere Schultern.
Wir sind die Iraker.
Dieselben Finger, mit denen wir als Kinder
Patronenhülsen auflasen,
benutzen wir heute, um Tote zu zählen.
Wir sind die Iraker.
Wir nehmen die getrockneten Köpfe
nicht von den Gartenzäunen.
Wir sind die Iraker.
Wir waschen uns die Hände vor dem Essen
mit derselben Seife,
mit der wir sie uns vom Blut reingewaschen haben.
Wir sind die Iraker.
Täglich ziehen wir unsere kariösen Jahre
und legen uns aufgereiht ins Massengrab.
Wir sind die Iraker.
Im Sommer warten wir im Schatten der
Betonschutzwände auf den Bus
wie begossene Schuhe.
Wir betten unsere Köpfe auf Waffen und decken uns zu
mit Sprengstoffmasse.
Wir sind die Iraker,
schlafende Würmer im Apfel der Welt.

Autobombe

Einen Flügel für die Katze auf dem Zaun
des Elektrizitätswerks.
Einen Flügel für den Zaun.
Einen Flügel für die sieben Bauarbeiter.
Einen Flügel für den Kopf des Gemüsehändlers.
Einen Flügel für das Gemüse.
Einen Flügel für die Beine des Mädchens,
das gerade auf dem Schulweg war.
Einen Flügel für ihren Schulranzen.
Einen Flügel für die Haut der Passagiere im Bus.
Einen Flügel für das Fahrrad, den Fahrer und das Brot,
das er dabei hatte.
Einen Flügel für den Asphalt, die Strommasten
und die Schilder der Geschäfte.
Einen Flügel für das Trommelfell.
Einen Flügel für die Eilmeldung im Fernsehen.
So sind sie, die Autobomben:
verleihen allem Flügel.

Kontrolle

Die Kinder halten mich mit Spielzeugwaffen an,
und wir alle müssen lachen,
als ich tot vor ihnen umfalle.

Totengräber

Wir legen den Toten in einen Sarg aus Holz.
Die Erde soll glauben, wir seien gekommen,
einen Baum zu pflanzen.

Sektarianist

Die Blutstropfen von der Haustür
zum Wohnzimmer
über die Treppe
zur Tür seines verriegelten Zimmers.
Das meines Bruders, der in der Miliz X kämpft.

Am Flughafen

Seit zwei Whiskyflaschen versuche ich nun schon
zu schreiben über:
– eine Mutter, die versucht, den brennenden Sohn
mit ihren gestutzten Armen zu löschen
– einen Vater, der versucht, den abgeschnittenen Kopf
des Sohnes auf dessen blutenden Hals zurückzusetzen.

Ficken

Ich knipse das Fleisch ab, bis zum Fingernagel.

Feuerwehrmann

Heute: fürchterliche Schmerzen in Rücken und Hals.
Habe gestern vier Leichen aus einer Explosion geborgen
und drei weitere aus den Trümmern
eines zerbombten Gebäudes.

Maskierte I

Zwei Tage lang fahren sie die Entführten herum.
Sie bereiten einen neuen Film vor.

Maskierte II

Das Wasser des Flusses, in den sie die Leichen werfen,
wird jeden Morgen von der Wasserverwaltung gereinigt,
damit wir es abends trinken können.
Einmal roch ich meinen Bruder heraus.
In den Provinzen fernab der Flüsse
verbrennen sie die Leichen, sodass man seine Brüder
auch dort problemlos riechen kann.

Maskierte III

Der Afghane hält vor versammelter Mannschaft
eine Ansprache
zur Schließung zweier Bodybuilding-Center.

Fahneneid

Mein Nachbar versuchte, sein Haus zu restaurieren.
Da gingen die Ratten auf die Straße.

Steinigung

Ich öffne meine Augen wie zwei zerbrochene Eier
auf einem Steinhügel.

Abschlachten

Jetzt hör mal, du „Gott“:
Entweder erschaffst du von jetzt an Kopf und Körper
getrennt voneinander,
oder aber du streichst die Stelle
mit den Jungfrauen im Paradies.

Blockade

Unter der Blockade
gossen sie uns Zement auf die Teller.
Damit bauten wir
Gebäude aus Hunger.

Luftangriff

Wir wissen, dass du dort bist,
unter den Zementblöcken und Stahlgittern.
Wir wissen, dass du noch atmest; die Rakete ist
im Nebenzimmer eingeschlagen,
und dort sehen wir auch schon
deine nackten Kinder als zerpflückte Leichen,
und auch du kannst uns hören, dort, unter großen
Brocken, und weißt dabei genau,
dass wir dich nicht rausholen werden,
weil wir gar nicht mehr atmen unter den
Nachbartrümmern.

Splitter

Mein Vater bewahrt, rein der Erinnerung halber,
neben seinem Herzen noch einen kleinen Splitter
vom Krieg der Achtzigerjahre auf.
Gestern tat er ihm plötzlich weh,
da gingen wir zum Arzt.
Ein Blick genügte und der Arzt wusste,
dass er aus den Achtzigern kommt.
Er selbst hatte ja noch so einen in seinem Unterarm
stecken, und plötzlich tat der ihm auch weh.
Da schrie er uns an:
Hört bloß auf, mit Erinnerungssplittern herumzuspielen!

Schuss

Nichts am Grunde der Schublade,
nur dein löchriger Schädel auf dem Röntgenbild.

Tag

Die Uhr läuft weiter an der abgetrennten Hand.

Explosion

Ein Geruch nach totem Strom im Haus.
7:40 Uhr die zweite Explosion.
Du drehst dich wie ein Löffel in einer Tasse Blut,
deine Ohren starr gerichtet auf die Augen des
ausgeschalteten Fernsehers.

Wir sind die kleinen Mörder

Mit abgeschnittenen Fingern zählen wir unsere Narben
Mit abgeschnittenen Fingern heben wir Zement und Stahl
von unseren Toten
Mit abgeschnittenen Fingern passieren wir die Straße
Mit abgeschnittenen Fingern passieren wir die Finger
Mit abgeschnittenen Fingern wischen wir uns Patronen
von der Brust

***

Wir sind die kleinen Mörder
wir schleifen Messer
schmieden Pläne
beobachten unsere Opfer
Und weil wir kleine Mörder sind
ziehen wir wahrscheinlich Handschuhe an
vergraben Beweismittel
rammen unsere Messer in Hüftfleisch
und tun so, als könnten wir rechnen

***

Wir sind die kleinen Mörder
Wir schlafen auf der nackten Erde
essen mit der bloßen Hand
und decken unsere Kinder vor dem Einschlafen zu

***

Wir sind die kleinen Mörder
Sogar das Verbrechen ist langweilig heutzutage
Klein sind wir so sagt man
weil wir vom Bombenlegen nichts verstehen
oder davon wie man Sprengstoffgürtel
an sein Handy schließt
Auch sind unsere Arme mitnichten lang genug um hin
und her zu schwingen beim Halsaufschlitzen
noch stecken wir unsere Opfer in Käfige oder in Brand
noch sagen wir ständig Allahu Akbar

***

Wir sind kleine Mörder
kleiner als Blutstropfen
Wir töten rein um der Geschichten willen

***

Wir sind die kleinen Mörder
Wir werden kleiner und kleiner
mit
jedem
Messerstoß

Abgeschnittene Dynamitfinger

Mein Vater, der 49 Schlüssel trägt,
verrostet jetzt wie ein Türschloss, mit seinen blinden Armen.

***

Der Tag lag dürr in den Sand geworfen da.

***

Heimlich vernäht er Wunden mit Wunden,
aber noch ist es nicht fertig, das Bußgewand.

***

In den Mündern der anderen gräbt er nach den verwesten Überresten seiner Ohren.

***

Wäre meine Zunge ein Spiegel,
worin würde sie sich spiegeln?
Warum schüttele ich immer wieder Hände,
die die Größe meiner Hand nicht kennen?

***

Wie Teig gärt die Haut des Ertrunkenen.

***

Wie ein Nilpferd tritt das Licht in den OP.
Die Glibberigkeit des Blutes am Hals.
Der Knochensplitter auf dem Tablett.
Das heiße Gesicht meiner Mutter an der Krankenhaustür.

***

– „Ich stehe in den Augen toter Kühe.“ (ein Verrückter)
– „Sieben Monate haben wir die Miete schon nicht
gezahlt?!“ (eine Mutter)
– „Ich dachte erst, die Ertrinkenden vor mir machen nur
Spaß.“ (ein Freund)

***

Immer, wenn jemand Neues stirbt,
nehmen wir die Tränen aus unseren Augen,
damit genug Platz ist,
um ihn in uns zu begraben.

***

Wir schleifen die Toten über den Asphalt,
schneiden ihnen Köpfe ab, Arme, Beine, Penisse
und verbrennen den Rest,
weil wir zweifeln, dass es Tote sind,
weil wir zweifeln, dass wir Mörder sind.

***

Ich musste sehr lachen, als wir meine abgeschnittene Hand
begruben.
Sie war schwer und trocken.
Die Freunde trugen sie auf ihren Händen,
und ich trug sie auf meinem Lachen.
Deshalb lachte ich so,
damit sie nicht wieder runterfällt.

***

Wir hassen die Mörder, weil sie die Chance ergriffen haben,
Mörder zu sein,
während wir gar nichts ergriffen haben
außer Hass.

***

Wir hingen ihn mit dem Kopf am Strommast auf.
Aus seiner Nase tropfte zwei Tage lang Blut.
Der staubige Wind drehte ihn um sich selbst.
Wir warteten, bis er getrocknet war.
Dann zogen wir ihn uns über
und kehrten in die Häuser zurück.

***

Das Geheimnis ist eine Erde, die uns in sich begräbt,
nicht wir begraben es in uns.

***

Dein Tod ist nicht so katastrophal,
dass wir in der Erde graben müssten,
aber er braucht viel Zeit,
und so verwest dein Leichnam seit Monaten im Bett
und Tag für Tag lese ich die Würmer auf, die aus ihm
gekrochen kommen,
und lege sie in ein Terrarium.
Schließlich müssen wir die Würmer unserer Liebsten
pflegen, wenn sie von uns gehen.

***

Wenn jeder Wolf es als sein Eigentum betrachtete,
hätte das Schaf der Wolfsherde eine harte Lektion erteilt.

***

Er wird nicht zu Staub, wenn er stirbt, der Mensch,
sondern zu kleinen, sandkorngroßen Wölfen.

***

Der Wolf ist unschuldig.
Er kommt in Tropfenform.
Da rennt ihm unser Blut hinterher
in Form von Wölfen.

2015

(1)

In der Küche stürzten wir die Heimat
wie einen kleinen Teller.
Wir versuchten, vor der Tat zu fliehen,
dabei traten wir auf große Glasscherben.

(2)

Auf dem Gehweg vor der Moschee sind trockene Leichen, die wir nicht kennen. Deshalb kommen Menschen, die wir nicht kennen, kaufen Holz, bauen Särge, indes schabt der Muezzin mit seiner Stimme das vertrocknete Blut von den Messern der Mörder.

(3)

Solltet ihr mal ein Kind bekommen, so lehrt es, dass es
weder Freunde gibt noch Brüder auf dieser Welt.
Sonst wird es seinen Lebtag mit Leichenzählen verbringen.

(4)

Die Tränen des Blinden kommen aus seinen Krücken.

(5)

Wir fuhren im Auto mit, bei deinem Sarg. Alle weinten wir.
Nur Mutter nicht.
Die lief auf ihren Tränen.

(6)

Beim Einschlafen zähle ich meine toten Freunde,
sammle ihre Leichen ein,
verteile meine Trauer über Träume,
und jede Nacht sehe ich sie trocknen wie Wunden,
die uns verlocken, daran zu kratzen, und wenn ich loslege,
fließt ihr Blut auf meine Matratze.

(7)

Mensch: Dein Leben verdorrt mir zwischen den Fingern.
Begreife doch endlich, dass der Körper aus Munition
besteht und der Schuss aus Fleisch.

(8)

Ihre Jahre verhedderten sich wie offene Schnürsenkel.
Diejenigen, die auf dem Markt versammelt waren, hat die
Autobombe durchtrennt. Ihre Glieder fielen nieder, wie
um sich gegenseitig zu beschützen. Sie hatten die
Sauberkeit des Marktes geliebt. Deswegen sammelten sie
all ihre Knochensplitter mit ihren Körpern auf, so dass wir
den Markt ganz sauber vorfanden,
mit Blut gewaschen.

(9)

Die Polizisten haben ein Plakat auf das Gebäude gegenüber
unserer Wohnung gehängt, mit den Namen und den Fotos
der Gefahndeten, und da steht ein großer Geldbetrag, der
in der Lage wäre, alle Schulden zu tilgen. Jeden Morgen
sehe ich mich mit diesem Lotto konfrontiert und suche
unter den Menschen nach den Gesichtern der Mörder,
und die Menschen suchen sie in meinem Gesicht.

(10)

Wir müssen sie stutzen, jene Freunde, die wuchern
wie Fingernägel.

(11)

Wir sind die Mörder: ein laufender Wasserhahn, den ihr
die ganze Nacht vergessen habt, und jetzt watet ihr
so lange im Blut, bis ihr ihn wieder zudreht.

(12)

Von den Feinden habe ich gelernt,
dass Metall aus heimlich geweinten Tränen besteht.

Wir kämpfen zum Vergnügen

I

Über den Sinn eines Lebens, das mit Blut beginnt und mit einer Narbe endet

Der Rollstuhl

Ich hatte einmal eine kleine behinderte Schwester,
die ist schon viele Jahre tot.
Gestern, als ich gerade die Dachterrasse putzte,
zog ich ihren Rollstuhl aus dem Gerümpel.
Ich setzte mich hinein und schälte mein Leben.
Ich erinnerte mich an die Kinder der Nachbarn,
die sie mit Steinen bewarfen,
immer wenn meine Mutter sie alleine aus dem Haus ließ.
Sie weinte nie.
Sie spielte bloß mit ihnen, nur eben mit ihrem Blut.
Ich erinnerte mich an die grünen Bänder meiner Mutter,
die um deine abgeschnürten Arme geknoteten,
oh Rollstuhl,
meine hungrige Mutter, der nichts gehört, außer Tränen,
die sie isst und die sie auffressen.
Heute bin ich allein. Mutterlos, schwesternlos
setze ich meine Jahre in den Rollstuhl
und schiebe ihn vor die Haustür
und weiß, die hohen Winde
wehen den Staub
immer nur in eine Richtung.

Das Fahrrad

1990 brachte mein Vater mir ein Kinderfahrrad
aus Kuweit mit,
in dessen Lenkstange der Name „Fahed“ geritzt war.
Vielleicht hatte mein Vater Fahed getötet,
mitsamt seiner Eltern.
Vielleicht hat Fahed auch überlebt, ohne Eltern.
Oder Fahed lebt noch heute mit seinen Eltern,
aber ohne Beine.
Ob sich Fahed wohl noch an das Rad erinnert,
in dessen Lenkstange er seinen Namen geritzt hatte?

25 Jahre sind vergangen, und ich habe immer noch nicht
Fahrradfahren gelernt – statt deiner.
Ich war nur eine Träne, die aus den Reifen floss
und noch immer fließt.

Hiermit lade ich dich ein, mich zu hassen
oder das Gegenteil zu tun.
Aber den Sinn eines Lebens, das mit Blut beginnt
und mit einer Narbe aufhört,
den kennen wir beide.

Die Nähmaschine

Unter der Blockade waren wir nackt.
Sie passte nicht auf uns auf,
auf uns Kinder.
Unsere Mutter, die ihre Jahre in die Nähmaschine goss
und die, immer wenn wir dran gewesen wären,
sagte: „Die Spule ist leer."
Dann stellte sie ihre Augen anstelle der Nähmaschine hin
und zog uns Kleider aus Tränen an.
Unter der Blockade waren wir nun nicht mehr nackt,
aber du passtest nicht auf uns auf,
auf uns Kinder
unserer Mutter, die uns jeden Tag neue Kleider anzog
mit ihren Augen.

***

Das Mädchen lief aus dem Haus.
Seiner Mutter sagte es: Ich werde auf der Straße spielen.
Der Tod ging aus dem Haus.
Seiner Mutter sagte er: Ich werde auf der Straße spielen.
Jahrelang spielten sie miteinander auf der Straße,
rannte einer dem anderen hinterher,
fing das Mädchen den Tod,
fing der Tod das Mädchen.
Abends
kehrte jeder von ihnen glücklich mit dem anderen
zu seiner Mutter nach Hause zurück.

Lob der Brutalität

Leder in Schuhen und Koffern ist nützlicher als auf dem
Rücken von Tieren.

Holz in Munitionskisten,
in den Betten des Hospiz,
in der verschlossenen Zimmertür einer Teenagerin,
in Kindersärgen,
im Heizofen des Wächters der Getreidefabrik,
in der Tischplatte, auf die die Hände und Worte
unserer Liebsten prasseln.
In unserer Mitte fand das Holz Familie und Freunde,
die nun Blätter treiben,
fern der an Schweigen erkrankten Bäume.

Die blöden Vögel sollen die Unschuld der Käfige würdigen.

Das Metall in Armbanduhren,
in den Löffeln der Gefangenen,
in den Skalpellen der Notaufnahmen,
in den Gleisen, die Soldatenwagen transportieren,
in den Wasserrohren,
in den Nägeln von Arbeiterschuhen.
Das Eisen, von dem wir vergaßen, dass es einst Erde war
in Bergen und Tälern.

Fische auf dem Tisch
sind schöner
als Aquarien.

Federn in Decken und Kissen
nehmen die Wärme bei der Hand und tragen sie weiter
als Flügel.

Der Spiegel, vor dem ich mir ab und zu die Haare kämme,
mir ab und zu den Bart rasiere,
mir ab und zu die Zähne putze,
bedeutet mir abgesehen davon
gar nichts.
Dieser Sand da an der Wand.

Ich bin kein Vegetarier.
Ich schreibe nicht gerne über Rosen
und andere Gemüse- und Obstsorten
und heute habe ich sie alle rausgeworfen, auf den Müll,
all die Vorhänge, Handtücher, Kleider, Sitzpolster, Teller
und dergleichen,
auf die man Rosen und Ranken gedruckt hat.
Diese künstlichen Rosen, die nie sterben
und um die herum wir vegetieren wie Dornen.
Sollen sie nur leiden, unter dem Tageslicht.

Arbeitsanweisungen für einen irakischen Feuerwehrmann

Hast du schon einmal gerochen wie deine Haut verbrennt?
Denke dir Knöpfe an den verkohlten Klumpen in deinen
Händen und dann knöpfe ihn behutsam auf.
Wie oft hast du schon mit deinem Stiefel ein kleines Stück
Gehirn weggeschoben, einen Finger, Augen ... vom Asphalt
in den Gulli?
Suche gar nicht erst eine Adresse oder einen Ausweis –
hier kennt keiner das Gesicht des anderen.
Bist du schon einmal im Dunkeln in eine Leiche getreten
und hast dich gefragt:
Ist das jetzt ein Wassergraben?
Versuche nie die aneinanderklebenden Leichen
zweier Brüder auseinanderzuziehen, die auf dem Weg
von der Schule nach Hause verschmolzen sind.
Kennst du die Zeit, die zwei Autobomben am selben Ort
voneinander trennt?

Die Leute sagen:
Heutzutage
sind unsere Tränen nützlicher als früher.
Wenn wir bei Explosionen und Feuersbrünsten stehen,
kommen die Männer von der Feuerwehr und schließen
ihre Schläuche an unsere Augen.
Dann beginnen wir, zu weinen,
damit sie ihre Arbeit tun können.

Weißt du, warum wir die Bäume hassen, die man in
Gärten pflanzt oder hinter die Zäune von Parks
oder auf die Balkone von Häusern,
und warum wir stattdessen wilde Bäume lieben,
die auf sich gestellt wachsen
in Steppen und Wäldern?
Bäume, die keine Menschen ernähren?
Sieh dir den Rauch an, der jeden Tag von unseren
verbrennenden Leichen aufsteigt.
Der Rauch, der zu Wolken wird und die Bäume wässert,
die uns ernähren.

Die neuen Schwarzen

Die schwarze Flughafenpolizistin wundert sich:
Wie kommt denn ein Iraker an ein Visum?!

Ich telefoniere mit meiner Mutter auf Arabisch.
Sie schaltet das Licht aus,
räumt demonstrativ die Stühle zusammen,
die schwarze Barfrau,
und fragt mich: „Hast du denn auch genug Geld?“

Der schwarze Busfahrer vergewissert sich zwei Mal,
ob ich die Fahrkarte auch wirklich durchgezogen habe.

Er wirkt, als habe er etwas verloren,
der junge schwarze Mann, der neben mir im Zug sitzt.
Er steht auf und lässt seine Blicke mich gründlich filzen.

Vielleicht sind wir die neuen Schwarzen.
Darum geht es gerade am Nebentisch.
Man warnt einander vor seinen fundamentalistischen
Kollegen und Nachbarn
oder vor koffertragenden
oder lastwagenfahrenden Bärtigen.

Einen Moment lang hast du das Gefühl,
du bist gar nicht im Ausland.

Ein Muslim bist du nicht, dass dich das treffen müsste,
ein Einheimischer, dass du dich fürchten müsstest,
auch nicht.

Aphorismen

(1)

Von dem Huhn, das mit uns im Haus groß wurde,
aßen wir nichts,
und selbst als wir um das Huhn herum saßen,
warfen wir ihm nur Brot zu.

(2)

Wer gelernt hat zu fliegen ohne Flügel,
fällt nie.

(3)

Die Franzosen lieben es, sich Hunde zu halten,
und wenn ich sehe, wie sie mit ihnen spazieren gehen,
renne ich weit weg.
Nicht, dass sie noch die Leichen in meiner Kleidung
riechen.

(4)

Über lange Stunden hinweg unterhalte ich mich
mit einem Franzosen
darüber, wie wir im Irak Leichen anbauen und essen,
der schließlich die Flucht ergreift, als ich ihm mitteile,
dass die Leichen aus Obst sind.

(5)

Hungrig
seit gestern
klopfe ich an meine Hand
und keiner
macht auf.

(6)

Das Lächeln ist ein Blatt auf dem Gesicht,
das ich jeden Morgen
mit einem Stein fixiere.

(7)

Alle Zahnärzte, denen ich gesagt habe,
dass ich ein löchriges Lächeln im Gesicht habe,
mussten lachen.

(8)

Mein Grab ist eine Leerstelle, die sich einsam fühlt.
Nachts
nehme ich sie mit ins Bett
und schlafe neben ihr.

(9)

Der Friedhof ist ein Wort
und all diese Städte sind seine detaillierten Erläuterungen.

(10)

Nur der Blinde weiß:
Augen sind nichts als leere Sitzplätze für das Weinen.

(11)

Unser Nachbar war der erste Blinde, der mir die Hand auf
die Schulter gelegt hat,
als ich klein war.
Seine Hand war leicht und feucht.
Unter der Blockade zertrümmerte er damit den Kopf
seiner schwangeren Frau,
von der er nicht wusste, wie er sie ernähren sollte.
Seine Hand hat eine Wunde auf meiner Schulter
hinterlassen.
Jeden Tag öffne ich sie und sehe darin das Leben.

(12)

Jedes Mal, wenn ich meinen Kopf auf das Kissen lege,
fällt mir mein blindes Auge wieder ein.
Vielleicht ist es mittlerweile zu Staub geworden.
Ich beneide es, denn es hat mich in den Tod überholt.
Mein Auge, das ich noch immer zumache
vor dem Einschlafen.

(13)

Ich lebe hier
wie einer, der die Sehkraft vom Baum der Blinden pflückt.

(14)

Mein Bruder hat sein Motorrad verkauft,
sich dafür eine Kalaschnikow gekauft,
die Kalaschnikow verkauft,
sich dafür Krücken gekauft.

(15)

Kein Stein liegt auf der Straße,
aber es ist der Mensch, der stolpert.

(16)

Was ist ein Stein schon anderes als ein Mensch,
der das Leben ernst genommen hat.

(17)

Jedes Mal, wenn ich einen Buckligen sehe,
sage ich mir, der ist bestimmt Iraker.
Ihre Rücken sind schon ganz krumm, vom vielen Bücken
über Leichen.

(18)

Ich suche sie nach Lippen ab, die zertrümmerten Köpfe,
nach Küssen, die sie empfangen haben.

(19)

Das Messer ist aus einem einzigen Stein,
der Mensch ist aus Millionen Steinen.

(20)

Das Messer erlischt in der Hand der Ängstlichen.

(21)

Ich bin das Messer: ein kleines Stück Metall,
das genau weiß,
dass du, Mensch, ein miserabler Schauspieler bist,
während du jeden Tag versuchst,
mich vom Ernst des Lebens zu überzeugen.

(22)

Im Irak
bin ich nur ein Verkehrspolizist,
der den Verkehr der Messer über seinen Körper regelt.
Ich hasse moderne Tötungsinstrumente.
Das Messer ist mir immer noch am liebsten.
Patronen, Dynamit und dergleichen …
halten das Licht nur auf.
Das Messer aber trägt dich wie eine Lampe
und überquert mit dir die Hügel der Finsternis.

(23)

Ich betaste meinen Hals,
streiche mit meiner Hand um ihn herum,
drücke vorne zu, dass es mich würgt,
zähle die Wirbel hinten aus,
höre den Blutströmen drinnen zu,
lege ihn auf das andere Kissen beim Einschlafen,
und träume für ihn von einem sauberen Messer,
das den Sinn von Hälsen versteht,
die man einsam auf Kissen legt.

(24)

Wie soll ich es nur zudecken, das Zittern der Angst?

(25)

Mir scheint, meine Todesstunde hat sich sehr verspätet,
und was ich jetzt tue, ist Zeit schinden.
Manche nennen es auch einfach „Leben".

(26)

Heute war ich am Ende des Tages soweit, Millionen von
Leitern auf meinem Rücken aufzustellen,
damit deine Messerstiche sanft heruntergehen.

(27)

Ich hasse die stummen Messerstiche,
die erhaben ihre Pflicht erfüllen, ohne Blut und Spuren,
die dich mit Scham erfüllen,
so viele sind es,
die Messerstiche, um deren willen du
Gebärdensprache lernst.

(28)

Jeden Tag
gieße ich mir Wasser über den Rücken,
um deine Messerstiche zu wässern.

(29)

Alle, die ich hasse, starben vor meiner Geburt.
Alle, die ich liebe, werden nach meinem Tod
geboren werden.
Mein Leben ist ein Augenblick des Schmerzes
ohne Ursache.

II
Saison der Langeweile

Eine langweilige Explosion

Wieder eine Explosion heute,
langweilig wie immer.
Ein Terrorist, der sich auf einem überfüllten Markt
mit einer Autobombe
in die Luft sprengt.
Langweilig, auf den Todeszoll zu warten,
darüber zu spekulieren.
Langweilig, die zerborstenen Kinderleichen.
Langweilig, wie sie die Frauen von ihren Tränen wegzerren,
in die Häuser.
Die Blutspendekampagnen sind langweilig.
Ein urlangweiliger Tod, wie im eigenen Bett zu sterben.

Die Langeweile des Wartens

Die Leute hier reden
über eine Autobombe, die nicht explodiert ist
und die seit gestern herumfährt.
Polizeiautos kommen und gehen
mit ihrem kranken Geheule
durch die Straßen unserer Angst.

Autobomben, die nicht noch am gleichen Tag explodieren,
werden kalt und ranzig
wie Essen vom Vortag.

Wir lachen vor Langeweile

Die Explosionen waren abgehackt
während der letzten Tage
und auch wir haben uns sehr verändert.
Als sie noch durchgehend waren, wurden wir abgehackt,
weinten und schlugen uns die Hände vors Gesicht.
Aber jetzt lachen wir nur noch.
Wälzen uns auf dem Boden vor Lachen.
Lachen, bis unsere Gliedmaßen von alleine abspringen,
bis das Blut spritzt.
Wir lachen, bis uns die Knochensplitter
um die Ohren fliegen.
Bis die Feuer brennen.
Bis die Kinder vor Lachen platzen.
In letzter Zeit
sterben wir nur noch vor Lachen.

Von Langeweile träumen

Ich träumte, ich würde von einer Autobombe getötet
um ein Uhr mittags
vor sechs Jahren
und seit sechs Jahren
bin ich stehengeblieben auf ein Uhr mittags.

Die Langeweile sieht fern

Die Mörder erscheinen
um neun
am Donnerstagabend, im vierten Kanal.
Mit ihren Augen und Händen und Stimmen erscheinen sie,
aufgereiht wie Nägel.
Beschreiben Exekutionsweisen
und nennen ihren Blutzoll.
Der Großteil von ihnen sind Araber,
sind Ausländer, sind Iraker.
Oder doch nur Iraker.
Den Arabern und den Ausländern
steht eine größere Ausbeute an uns zu.
Sie arbeiten gründlich
und lieben Massenmord.
Aber die Iraker,
die haben nur eine kleine Ernte,
schließlich sorgen sie sich um uns.
Deshalb pflücken sie uns per Hand,
einen nach dem anderen.
Am Ende der Folge sagen sie,
Koranverse hätten sie irregeleitet
und sie würden es bereuen.
Bis meine Frau sich am Freitagmorgen
über den Gestank im Wohnzimmer wundert

und über die Blutlache unterm Fernseher,
den ich vergessen hatte, auszuschalten.
Mir war nicht bewusst, dass der vierte Kanal
seine Sendung mit Koranversen abschließt.

Endlich hat die Langeweile ein Stück Land bekommen

Das gelbe, leere Land
gleich neben dem Pharmakonzern.
Als sie entdeckten, dass darunter ein Massengrab liegt,
zäunten sie es ein
und stellten Wächter auf,
die auf die bellenden Nächte schossen,
holten alle Knochen heraus
und teilten sie auf in dünne, weiße Häufchen,
die aussahen wie Sterne auf Erden.
Trotz jahrelanger Arbeit
konnten sie sie niemandem zuordnen,
weswegen sie sie wieder verscharrten, mit Baggern,
in offene Gräben, wie blinde Augen.
Und vor einigen Tagen teilten sie sie als Grundstücke
unter den Familien der Getöteten auf.
Sie sagten ihnen: Dieses Land gehört euch.
Sie sagten nicht „dieses Grab“.

Vertriebene ohne Langeweile

Sie lassen ihre weißen Zelte einsam in der Steppe grasen,
versammeln sich um eine schöne Unicef-Volontärin
und lächeln viel für Besucher und Kameras.

Tagsüber verkaufen sie Tee und Taschentücher
an Straßenkreuzungen
und sprechen Türkisch untereinander
mit ihren gelben Augen und ihren leeren Mündern.

Sie tragen die Erniedrigung wie ein Sandkorn
zwischen Auge und Lid.
Sie pulen die Erniedrigung heraus,
wie man ein Haar aus ranzigem Essen zieht.
Sie nagen an der Erniedrigung,
wie man an seinen Nägeln kaut.

Die Langeweile spazieren führen

An Feiertagen und Wochenenden
zapfe ich mir einen einzigen Beutel meines Blutes
und dann gehe ich mit ihm spazieren.
Bringe ihm bei, wie man über die Schlaglöcher springt,
die Autobomben und explodierte Gasflaschen
hinterlassen haben.
Zeige ihm, an welchen Moscheen amerikanische Bajonette
und Waffen umsonst verteilt werden.
Wir gehen Kleider kaufen
und ich erkläre ihm, dass Blut in Kleidern
viel anständiger wirkt.
An Feiertagen und Wochenenden
schütte ich Kieselsteine in mich hinein
und bitte ihn, nicht zu lange wegzubleiben.

Die Langeweile führt vor dem Spiegel Selbstgespräche

Warst du heute vielleicht ein bisschen steif
vor der Kamera?
War der Hals des europäischen Journalisten
wirklich so zäh?
War dir vielleicht dieses Messer peinlich, made in USA?
Hast du dir auch das Blut gut abgewaschen, mit Seife,
damit du bereit bist fürs Mittagessen?
Hast du in der Moschee gebetet und aus dem Koran
rezitiert, ohne deine mit Blutspritzern bestickten Kleider
vorher auszuziehen?
Hast du deine Tochter zur Schule gebracht und dich von
ihr verabschiedet, mit zwei Augen,
die erst vor wenigen Stunden
einen abgetrennten Kopf gesehen haben?

Bist du heute durch den Garten deines Hauses spaziert,
mit zwei Füßen,
die erst jemandem auf den Rücken getreten sind,
damit dieser seinen Hals hebe?
Schläfst du jetzt mit deiner Frau, auf dem Bett,
unter dem du das Messer versteckt hältst,
das blutige, stinkende?

Du hast keine Ahnung, was Messer bedeutet.
Du hast keine Ahnung, was „Ich bin zu euch gekommen,
um zu schlachten“ bedeutet – dieser Satz, der da war,
bevor wir kamen.
Du hast keine Ahnung, was die Wälder des Gemetzels in
deiner Stimme und deinen Augen und deinen Träumen
bedeuten.

Haben nach Mitternacht Bewaffnete
an deine Tür gehämmert?
Ist deine Tür voller Schusslöcher?
Hältst du den Leichnam deines Bruders in deinem
Vorgarten versteckt, weil du kein Geld hast,
ihn zu beerdigen?
Hast du schon einmal einen Sack Mehl
für neunhundert Dollar gekauft?
Hast du deinen Sohn in die Trainingscamps des Kalifats
geschickt, und er will dir nicht sagen,
dass sie ihn dort jeden Tag vergewaltigen?

Ich schäme mich nicht, ständig feucht von Blut zu sein.
Menschen sind wie Sand.
Manche sitzen in Kieseln,
manche liegen über verdorrten Hügeln,
manche in den Wüsten
und manche unter Wasserquellen.

Das Geschäft mit der Langeweile

Unser Nachbar ist Waffenhändler.
Es gelingt ihm gerade so, seine Familie
über die Runden zu bringen.
Er beklagt einen Rückgang seiner Arbeit in letzter Zeit,
und dass die meisten hier mittlerweile
in ihren Häusern Waffen selbst anbauen.

Jetzt hat unser Nachbar
nicht mehr genug Familie,
um das hungrige Waffenfeld in seinem Haus zu füttern.

Mir scheint, die Langeweile hat ein Zuhause gefunden

Da stehe ich jetzt, mitten auf dem Friedhof
vor mir ein einsames, leeres Grab.
Das wird meine künftige Wohnung sein
und eine gewundene Straße, die ich vor Tagen überquerte,
meine Arbeitsstelle,
und ein Baum, der nur noch seinen Stamm hat,
mein Café, meine Raststätte,
und das Zimmer des Totengräbers die letzte Hautfaser,
die mich noch mit dem abgeschnittenen Kopf eures
Lebens verbindet.
Verdammt.
Was mache ich eigentlich noch unter euch,
wo doch alle, die ich in meinem Leben kennengelernt habe,
schon hier sind.

Als wir die Langeweile das Fliegen lehrten

(Teil 1)
Heute
kam der Winter zu ihm herein, durch die Öffnung,
die das Flugzeug in die Zimmerdecke
gerissen hat.
Jetzt stirbt er vor Kälte unter der Hand des Winters.
Er stirbt und denkt an seine einzige Decke, die, mit der er
die Leichen seiner Familie zugedeckt hat.

(Teil 2)
Kleine Kinder glauben,
Drohnen
seien nur Spielzeug.
Sie winken ihnen immer noch zu
mit dem, was noch übrig ist
von ihren Händen.

(Teil 3)
Es geht uns wunderbar.
Seit Monaten haben wir nun schon
kein Flugzeug mehr gehört
und das Leben unter zerbombten Dächern
kostet gar nicht viel.

(Teil 4)

Sie standen um die Leiche herum.
Einer sagte, sie habe vermutlich bereits eine Woche
unter den Trümmern gelegen.
Ein anderer merkte an, wie zerfetzt ihre untere Hälfte sei
und dass sie folglich kaum herauszuziehen sei.
Ein weiterer stellte fest, dass sich in ihrem Mund
noch Essen befand, verwestes.
Und die weiter hinten Stehenden flüsterten,
die Leiche sei in der Küche,
also müsse die restliche Familie im Nebenzimmer sein.

***

Keiner sprach aus, dass es eine Kinderleiche war,
die da unter den Trümmern verteilt lag.
Keiner sprach aus, dass es keine bessere Art gegeben hätte,
sie zu begraben, als wie sie jetzt schon begraben war.

Die Langeweile streckt ihre Zunge heraus, um zu kosten

Weißt du, was es bedeutet, an einem geschmolzenen
Leichnam zu ziehen,
der sich an ein geschmolzenes Lenkrad klammert
und auf einem geschmolzenen Sitz sitzt?
Ein heißer Leichnam, dessen Geschmack noch jahrelang
an deinen Händen haften wird.

Die Kindheit der Langeweile

Als ich ein Kind war,
rammte ich einem Kind
einen blinden Löffel
in die Brust.
Seine Brust war weich, sein Blut war wenig,
sein Mund, den das Schreien öffnete und schloss,
zahnlos.
Das Kind starb weinend in seinem Bett,
und ich ging zurück zu meinem Teller
mit einem blutigen Löffel,
um mein Leben weiter zu essen.

III

Archiv der getöteten Freunde und ihrer Poster auf den Straßen

1. Amir Ali Jawad

Dein Poster ist gut koloriert.
Dein Gesicht rasiert und lächelnd.
Du stehst in deiner Militäruniform.
Links haben sie hingeschrieben, du seist
„ein glücklicher Märtyrer und ein Held“
und darunter dein Todesdatum, 7.11.2015.

Das Poster steht auf dem Gehweg
gegenüber unserem Haus.
Genau dort, wo du jeden Tag auf mich gewartet hast,
wenn wir in die Schule gingen.

Sie haben nur die Hälfte deines Körpers gefunden.
Es war ein mit einer Sprengladung versehenes Haus.
Zwei Handflächen aus Tränen schlägt deine Mutter sich
vor dem Poster vors Gesicht,
jeden Tag,
und jeden Tag
nehme ich das Poster an der Hand
mit mir in die Schule.

2. Karrar Makki Abu Hidschar

Geboren in Hilla, Mehdia am 22.7.1993
Gestorben in Dschurf al-Sakhr[2] am 14.5.2015

Sein Poster hängt in Hochglanz und groß an der Wand
gegenüber vom Metzgerladen seines Vaters,
mit blonden Haaren und grünen Augen.
Sein Hals ist auf dem Poster irgendwie lang.

Wenn ich dort vorbeigehe,
muss ich immer so lange auf den Hals schauen,
bis ich stolpere.
Er war aber doch so kurz auf dem Video,
wo sie ihn abschlachteten.
Das Blut schoss sprudelnd aus ihm heraus.
Eben weil sein Hals so kurz war, haben sie seinen Kopf
nicht abgeschnitten.
Aber auf dem Poster, das vor dem Metzgerladen
seines Vaters hängt,
ist er irgendwie so lang
wie der Blick seines Vaters, wenn ich stolpere.

3. Ayden Khalil al-Marei

Nachts, auf dem Platz vor dem Krankenhaus
leuchtet dein Poster mit seinen zwanzig Glühbirnen.
Darunter spielen die Kinder Fußball.
Dein Sohn ist auch dabei.
Er wird von Tag zu Tag größer unter deinem Poster.

Die Kinder nennen ihn schon „Postersohn“,
und obwohl er von Lyrik nichts versteht,
hat er auf den Postermast geschrieben:
„Meine Lunge ist klein, Vater,
wie ein Finger.
Deshalb ersticke ich immer, wenn ich auf dich zeige.“

Einsam rollt dein Kopf durch den Sarg.
Wir schreiten über langes Schweigen.
Als würden wir gar nichts hören,
blicken wir uns weder um, noch wagen wir zu lachen.
Es könnte ja einer von ihnen plötzlich aufspringen
und rufen: Kamera aus!

4. Seif Amer al-Aaradsch

Du träumtest von 3.000 Dollar, mit denen du
nach Deutschland wolltest.
Du lerntest schwimmen.
Du kontaktiertest Schlepper.
Du merktest dir eine abgedroschene Story
für den Asylantrag.

Von nur 3.000 Dollar hast du geträumt.
Gerade so viel, wie dein Poster
inklusive Metallgestell und Schweigen
kostet.

Auf dem „Mughaissal"[3] zog ich dir die Uniform aus.
Sie war gespickt mit den Stecknadeln deiner Mutter
und deiner kleinen Schwestern.
Das Buch Deutsch für Anfänger floss blutdurchtränkt
mit dem Wasser ab.
Die Kugel hat deinen Kopf nicht durchkreuzt.
Sie steckt jetzt in seinem Inneren.
Vielleicht wurde sie ja in Deutschland hergestellt.

5. Auss Haqqi Khalil

Was hast du es denn so eilig, über ihn zu schreiben,
Kadhem?
Erst vor zwei Tagen hat man seinen nackten,
aufgedunsenen Leichnam
in der Provinz Baidschi[4] geborgen.
Er wurde noch nicht einmal begraben
und ein Poster haben sie ihm auch noch nicht aufgehängt.

Beim Mittagessen sagte meine Mutter, dass er kopflos war.
Erkannt haben sie ihn am Tattoo mit deinem Namen
auf seinem rechten Unterarm.
Du musst auf seine Beerdigung gehen, Kadhem,
und eure ewigen Streitereien vergessen.

Bleiern kommt der Dienstagmittag daher, am 8.3.2016,
kommt herein wie ein krummer Nagel in den Mund.

Kopflos bist du diesmal, Auss,
wie soll ich nur über dein Gesicht schreiben?
Dein unglaublich geschwungenes Gesicht
wie eine herabfließende Träne.

6. Odai Fauzi

Seit einer Weile sehe ich mir Filme an
über amerikanische Soldaten
und ihren Krieg mit dem Irak.
Sie tun mir leid.
Sie zerfallen in große Brocken Angst
in psychiatrischen Kliniken,
in Reha-Zentren für Kriegsveteranen
und vor Kriegsgerichten.

Ich denke daran,
wie sie Odai Fauzi,
meinen Cousin,
getötet haben.
Sie töteten ihn auf eine so saubere Art,
dass sogar wir ihn vergessen haben.

7. Hadi Saleh Qandil

† 27.5.2015, Provinz Baidschi
Wie alle Kinder buddelten wir mit unseren Fingernägeln
kleine Gräber
neben die Türschwellen der Häuser.
Darin begruben wir Fliegen und tote Insekten.
Du liebtest das, Hadi.
Deine Mutter schnitt dir die Nägel immer wieder ab,
aber du buddeltest, bis dir das Blut aus den Fingern kam.

Heute, am 27.5.2016 schließt sich ein Jahr
über deinem leeren Grab.
Dein Vater gießt mit welken Händen Wasser darum
und bedeutet deiner Tochter, dies sei das Grab ihres Vaters.

Daneben ein Baum, sein Stamm voller Knoten.
Das sind die wuchernden Seufzer deiner Mutter.

Ich stehe jetzt mit deiner Familie
um ein fiktionales Grab
mit einem fiktionalen Todesdatum
zu einem fiktionalen Jahrestag
und einem Baum, der die Fiktion bewacht.

Weit abseits davon
buddele ich ein kleines Grab
für diese schweren Stunden.

***

28.5.2017
Vor einem Jahr schrieb ich über das erste Jahr, das sich um
dein leeres Grab geschlossen hat.
Mein lieber Hadi.
Da sind wir wieder und gehen barfuß ins dritte Jahr.
Deine Tochter ist jetzt sechs Jahre alt.
Dieses Jahr kommt sie in die Schule.
Deine Frau trägt noch immer schwarz.
Nichts Neues über deinen Vater und deine Mutter
außer ein paar chirurgische Eingriffe.
Der Turbanträger, für den du gestorben bist,
hat gestern deinen Mördern die Hand geschüttelt.
Trotzdem sind wir die Verräter, Hadi.
Wir haben dieses leere Grab verdient.
Wir sind die Verräter,
weil wir davon träumen, auf erträgliche Weise zu sterben
mit intakten Leichen.[5]

8. Khaled Mohammad al-Assaad

Sie schlachteten ihn stehend.
Seine Hände hoch gefesselt am Mast einer Verkehrsampel.
Sie schlachteten ihn stehend,
was heißt, sein Blut schoss nur auf sein Hemd
und kam gar nicht auf den Asphalt.
Sie schlachteten ihn stehend.
Ganz ruhig reckte er den Hals
und legte seine spitze Stimme nieder.
Seine Brille fiel nicht herunter,
als sie seinen Kopf zwischen seine Füße legten.
Sie schlachteten ihn stehend
und hingen an seine untere Hälfte ein Plakat,
auf das sie schrieben,
dies sei der Ketzer Khaled Mohammad al-Assaad.
Sie schlachteten ihn stehend.
Hinter dem Mast, wo sie ihn stehend schlachteten,
steht ein weiterer Mast, darauf steht das Wort „Zukunft".
Die sie stehend geschlachtet haben.

9. Bauarbeiter

Vor einigen Stunden
hingen sie an die Betonblocks,
die die Gemeindeverwaltung umgeben,
26 Poster von Bauarbeitern,
die ums Leben gekommen waren
bei der Explosion vom 11.1.2008.

Dieser Blutsee lässt sich nicht erklären mit jenen 26,
die bei der Gemeindeverwaltung hängen
wie ein bunter Friedhof.

Ich verstehe es so, dass der Großteil von ihnen
keine Ausweisdokumente besaß
und dass ihre Familien größtenteils das,
was von ihnen übrig war, nicht gefordert haben,
weil sie die Grabkosten gar nicht hätten zahlen können.
Ja, das kann ich verstehen,
und was ich noch mehr verstehe, ist,
dass die Armen, wenn wir sie umbringen,
ganz unauffällig gehen.
Sie stehen uns sogar dann zu Diensten, wenn sie als Tote
an der Gemeindeverwaltung hängen.

Selbst als ich eine ganze Stunde lang dort gestanden
und mir die Namen und Gesichter angesehen habe,
war es nur
für dieses Gedicht.

10. Dschalila Barakat

Sie brachten sie an den Fluss,
dann hörten wir dichten Patronenhagel.

Im Anhänger des Lasters
nichts als Dieselgeruch
und ein leises Wimmern, das auf Zehenspitzen geht.

Meine Nummer ist die 21.
Jesidische Jungfrau.
800 Dollar mein Preis.

Hier, wo die Zeit ihrem Körper alle Stunden entreißt,
wo sie stehenbleibt auf meinem Bauch, der wächst.

Wenn der Muezzin doch nur aufgehört hätte,
ich hätte gesagt, dies ist mein Fleisch.
Wenn sein Herr doch nur Ohren besäße,
ich hätte gesagt, dies ist mein Fleisch.

11. Kadhem Emad Dschassem

Geboren am 18.9.1990
Gestorben am 3.5.2017
Als du das Licht der Welt erblicktest,
war da ein wegen Kindsmord hingerichteter Vater
und eine Schneiderin als Mutter,
die jeden Tag erniedrigt wurde,
weil sie ihre Arbeiten nicht schnell genug fertig bekam,
und 6 stumme Schwestern.
Als du das Licht der Welt erblicktest,
war da der drohende Zeigefinger des Vermieters:
Miete zahlen oder raus!
Als du das Licht der Welt erblicktest,
blicktest du in einen Gewehrlauf
wie einer, der in das Licht am Ende schaut.
Als du das Licht der Welt erblicktest,
waren da Clans und Turbane und „Auf in den Dschihad!“.
Als du das Licht der Welt erblicktest,
waren da Soldatinnen in amerikanischen Panzern
und ihr sanftes Lächeln.
Als du das Licht der Welt erblicktest,
war da eine lange Hand,
eine lange Zunge,
eine lange Trauer,
von Anfang an, während der Blinde noch versucht,
seine Augen zu öffnen.

IV
Sektarianistisches Tagebuch

Erster Tag:

Sie hielten uns an auf den leeren Straßen
und sagten: „Seid ihr Schiiten?“
Wir hielten sie an auf den leeren Straßen
und sagten: „Seid ihr Sunniten?“
Und da sind sie nun, die leeren Straßen,
und stehen einsam an einem Meer aus Blut.

Zweiter Tag:

Hunger wird dich nicht töten, Sunnit.
Kannst ja Berge schiitischer Leichen essen.
Durst wird dich nicht töten, Schiit.
Kannst ja Seen sunnitischen Blutes trinken.
Kälte wird dich nicht töten, Sunnit.
Kannst dich ja in die Häute schiitischer Kinder einwickeln.
Schlaflosigkeit wird dich nicht töten, Schiit.
Kannst ja auf den Köpfen sunnitischer Kinder ruhen.
Langeweile wird euch nicht töten, Sunnit und Schiit.
Könnt euch ja die Zeit damit vertreiben,
uns abzuschlachten, Tag für Tag.

Dritter Tag:

Unermüdlich,
Tag und Nacht,
graben Sunniten und Schiiten
an diesem Flusslauf.
Sie möchten einen Fluss machen aus Blut,
und weil das Blut sie jedes Mal im Stich lässt und am Ende
des Flussbetts einfach verklumpt,
stehen sie jetzt auf einem Berg aus eingetrocknetem Blut.

Vierter Tag:

In Babel steht eine einzige Kirche,
wo die Familien der Vertriebenen wohnen.
Nord-Babel gehört den Sunniten,
Süd-Babel den Schiiten.
Die Kirche steht in der Mitte.
Den Christen hier hast du schnell erkannt:
Er hat keine Finger mehr
vom vielen Tränenwischen.

Draußen gibt es nichts, nur die Ausgangssperre,
und die Schüsse von Sunniten und Schiiten
klopfen an Wände,
klopfen an Türen.
Draußen gibt es nichts, nur den Geruch der Getöteten,
die niemals schlafen.
Draußen gibt es nichts, nur Evakuierungskommandos.
Draußen gibt es endlose Finsternis.
Wie soll ich all das nur meiner schwangeren Frau erklären,
die langsam verblutet?

Fünfter Tag:

So, wie sie hundert neue Wege entdeckt haben
zu schlachten,
haben sie auch hundert neue Wege entdeckt
zu weinen,
sodass wir jetzt unsere Augen nur noch hinstellen
und aus ihnen herauszufließen brauchen.

Sechster Tag:

Zu meinem Tisch im Café lud ich ein
den halbverwesten, von Patronen durchsiebten
Leichnam eines Sunniten
und den halbverwesten, von Messerstichen durchsiebten
Leichnam eines Schiiten.
Ich versuchte, den beiden Leichen das Leben zu erklären,
und dass sein Sinn einzig in ihm selbst liegt.
Ich drehte mich kurz weg, um uns etwas zu bestellen.
Da schnitten sie mir den Kopf ab.

Siebter Tag:

Die Barbaren aßen sich gegenseitig die Münder weg
und teilten das Brot nicht miteinander.

Die Barbaren bekämpften einander mit Schüssen, Bomben,
Messern, Turbanen und Koranversen
und niemandem fiel es auf.

Die Barbaren ertränkten ihr Land in Blut
und niemand wartete auf sie.

Wir sind die Barbaren.
Kinder von Sand und Erdöl.

V
Wie zwei Berge
werden wir einander
nie begegnen

Monatelang sagte ich zu Kadhem, komm Kadhem,
probier doch mal,
über Liebe oder dergleichen zu schreiben.
Blut und Leichen gibt es immer.
Und siehe da, jetzt versucht Kadhem zum ersten Mal
über dich zu schreiben.
Seit Monaten sammelt er nun schon
die abgeschnittenen Nägel
deiner zwanzig Finger und Zehen
und deine Haare, die in der Bürste hängen
und die du dir abschneidest,
selbst die kleinen Härchen
an Pinzetten und Rasierapparaten.
Er sammelt deine kaputten Kleider
und deine zerschlissenen Schuhe
und leere Shampoo-, Parfüm- und Cremeflaschen von dir.
312 Stecknadeln, an deren Spitzen getrocknetes Blut war,
hat er eingesammelt,
und bergeweise schmutzige Taschentücher,
die jetzt in seinem Zimmer grasen,
und anderes, was dir gehört.
Seit Monaten durchwühlt Kadhem die Mülltüten
vor eurem Haus.
Und so war er heute der erste,
der die Tüte öffnete, in die sie den Kopf deines Bruder
gesteckt haben.

Während der ersten Monate
versuchte ich, dich von der Dringlichkeit einer Abtreibung
zu überzeugen.
Wir schauten uns Videos an,
es hätte viele vernünftige Lösungen gegeben,
aber du hörtest überhaupt nicht zu,
erzähltest mir etwas von Moral und Sünde
und ich dir von den Früchten abgesägter Bäume,
von Früchten, die nicht einmal Holz werden würden.

Was hat es zu bedeuten, dass wir die beneiden,
die bei Verkehrsunfällen sterben?
Im Gas verbrennen?
Vom Krebs gefressen werden?
Ertrinken?
Dass wir Selbstmörder beneiden,
sehr sogar?
Was hat das zu bedeuten?

Heute gehst du in den neunten Monat.
Du wirst auf die Leichenberge
einen kleinen Leichnam legen,
der nicht einmal Holz werden würde.

Ich sah,
wie meine Cousine sich selbst angezündet hat
für einen Menschen, den sie liebte
im Winter, 1999.
Sie allein trug das Feuer
und rannte damit durch die Straßen.
Seitdem
verstehe ich Liebe so,
dass ich Feuer tragen und damit
alleine durch die Straßen rennen muss.

Das sind keine Tränen,
die du auf meinem Gesicht siehst.
Es ist ein Aquarium ohne Boden.
Schau, zum Beispiel, da,
wo die zwei kleinen Fische sind,
die darfst du meine Augen nennen.

Ich kümmerte mich nicht um die Friedhofspolizei,
als sie mich halb totprügelte,
oder um diese Monate,
die ich gerade im Gefängnis verbringe.
Oder selbst um deine Familie,
die das Grab immer wieder neu verputzt
mit Zement und Steinen.
Bis in alle Ewigkeit werde ich dein Grab
mit meinen Fingernägeln durchwühlen,
selbst die um dich geweinten Tränen
trink ich alle weg.

Ich hasse es, über „Abschied“ zu schreiben,
und diese ganzen billigen Themen,
aber als du weggingst,
stand ich an Gate 4 am Flughafen von Marseille,
wie eine Familie, die den Rettungsmännern zuwinkt,
aus einem Fenster im zwanzigsten Stock.
Eine von Feuer umringte Familie,
die keiner mehr hört oder sieht.
Eine Familie, die hinter ihren Händen wegschmilzt.

Nachtrag I

7 Übungen für gesundes Weinen in Frankreich

1.
Auch hier
hast du immer noch Angst.
Wenn du nachts alleine läufst,
denkst du, die, die hinter dir gehen,
werden dich kidnappen oder schlagen,
mit Kleinwaffen.
Du hast immer noch Angst
vor geparkten Autos vor Cafés und Bars
und argwöhnst: Was, wenn sie explodieren?
Du hast immer noch Angst,
wenn du ein Kino betrittst,
deine Arme in die Höhe gestreckt.
Wie lächerlich du wirkst, überzeugt,
gleich wird dich einer durchsuchen.
Du hast immer noch Angst
vor dem Lärm von Passagierflugzeugen
und Rettungswagen.

2.

Allein in der U-Bahn
fällt dir ein, wie du den Leichnam von Mohannad Fahem
zu seinen Eltern gebracht hast.
Du wusstest nicht, wie du ihnen die Schüsse in seinem
Kopf und seiner Brust erklären solltest.
Jetzt wüsstest du's.
Aber keiner hört zu.

3.

Wir gingen und schwiegen lächelnd
den ganzen Weg lang
und an seinem Ende öffneten wir eine Wunde
und schlüpften hinein.

4.

Auf unseren zerbrochenen Blicken fahren sie
zu ihren Jobs und ihren Leben
und wir stehen da, rechts und links, und starren,
seit Anbeginn der Menschheit.

5.

Unsere Augen, die uns vor den Menschen erheben
und uns auf die Erde krachen lassen vor den Menschen.
Unsere Augen, die uns vor den Menschen gehörig
zerschmettern.

6.

Ich liebe die Art, wie du Waschpulver
in die Waschmaschine füllst,
die seit Tagen rotiert, über unsere Kleider und Augen.

7.

Wenn wir Thunfisch essen, morgens, abends, nachts ...
Hahahahahaha,
keine weitere Erklärung nötig, du weißt schon,
was ich meine.

Nachtrag II

Mit der einen Hand habe ich dir zum Abschied gewunken
und mit der anderen meine Augen weggezerrt
und meiner winkenden Hand die Tränen abgewischt.
*

Als würde ich es nicht bemerken,
sehe ich meinen Freunden zu, wie sie deine an meinen
Kleidern hängenden Haare
mit ihren Augen wegziehen.
*

Dich täglich zu küssen ist langweilig.
Ich werde deinen Mund essen, dann ist alles vorbei.
*

Wenn das Messer bei der Mitte des Halses ankommt,
genauer gesagt bei der Kehle,
hört man aus ihr viele Wörter.
Nur diese Wörter sind es, mit denen ich dich lieben kann.
*

Diese Galaxie hat Millionen Jahre dafür gebraucht,
um sich selbst zu kreisen.
Wie es scheint, sind die Menschen ebenso.
Mancher Leute Wunden ziehen an ihnen vorbei.
Mancher Leute Wunden sitzen in ihnen drin.
Manche kreisen mitsamt ihrer Wunden um eine Galaxie.
*

Würden wir die Wunde in Ruhe lassen,
würde sie eine Hand werden
oder ein Lächeln
oder ein kleines Kind.
*

Wäre meine Handfläche groß genug,
würde ich dich halten, in einem Stück.

*

Jetzt, alleine im Zimmer,
falte ich mein Herz zusammen und wieder auf
wie das Bett eines toten Kindes.

*

Ich habe sie überzeugt, das Schlafzimmer zu verkaufen,
und ihr gesagt, die Kleider auf dem Boden liegen zu lassen,
sei auch eine Art Liebe.
Während wir uns unterhalten, darüber und über anderes,
streckte der Tod seine Zunge zwischen uns hindurch.
Wir sind die Lücke an der Stelle eines gezogenen Zahnes.

Anmerkungen

1 Sektarianismus bezeichnet Vorurteile, Diskriminierung oder Hass, die sich an unterschiedlichen Untergruppen innerhalb einer Gruppe festmachen, beispielsweise innerhalb einer Religion, Ethnie, Klasse oder Region. Durch seine religiös und ethnisch besonders heterogene Bevölkerung ist in nahöstlichen Diskursen – und Realitäten – der Sektarianismus ein wichtiges Schlüsselwort.

2 *Anmerkung des Autors: Jurf al-Sakhr: Dies ist das erste Mal in der Geschichte, dass Mord die Gestalt einer Stadt annimmt. Eine Fabrikationsstätte des Grauens, eine Erde, die immer neue Mörder gebiert und beherbergt.*

Anmerkung der Übersetzerin: Jurf al-Sakhr ist eine irakische Kleinstadt, etwa 60 km südwestlich von Bagdad. Im Jahr 2014 wurde sie vom IS vereinnahmt. Im Oktober desselben Jahres wurde Jurf al-Sakhr im Zuge der Operation „Ashura" von der irakischen Armee, schiitischen Milizen und der U.S.-geführten Luftangriffe der Koalition zurückerobert und heißt seither Jurf al-Nasr. Aus „Felsenufer" wurde „Siegesufer". Die einstigen sunnitischen Bewohner der Stadt wurden bei dieser Operation vertrieben und leben bis dato über das Land verstreut in Flüchtlingslagern.

3 *Anmerkung des Autors: Der Mughaissal, dieses Bad, in dem wir versucht haben, deinen Leichnam ein letztes Mal zu waschen, vor deiner Beisetzung. Dein Kopf, lieber Seif, lag zerbröckelt auf der Betonbank. Wir hatten keine Ahnung, wie wir ihn vom Fleck bewegen, geschweige denn mit Wasser begießen sollten.*

Anmerkung der Übersetzerin: Mughaissal ist im irakischen Dialekt das Wort für eine Betonbank in einem bad-ähnlichen Raum, auf der ein Toter gewaschen wird, bevor man ihn begräbt.

4 Baidschi ist eine nordirakische Stadt mittlerer Größe, bekannt für ihre Erdöl-Raffinerien. Im Juni 2014 wurde die Stadt vom IS eingenommen und mit einer Gegenoffensive durch die irakische Armee im November 2014 wieder zurückerobert.

5 *Anmerkung des Autors: Aber dein Leichnam, lieber Hadi, wurde vielleicht von den Hunden gefressen, die durch die Straßen von Baidschi streunen, oder von unzähligen Sonnen auf den Gehwegen zerpflückt.*

Picknick mit Sprengstoffgürtel

Wir kämpfen zum Vergnügen

I

Über den Sinn eines Lebens, das mit Blut beginnt und mit einer Narbe endet

II

Saison der Langeweile

III

Archiv der getöteten Freunde und ihrer Poster auf den Straßen

IV

Sektarianistisches Tagebuch

V

Wie zwei Berge werden wir einander nie begegnen

Nachtrag I

Nachtrag II

www.mikrotext.de
facebook.com/mikrotext
twitter/mkrtxt
instagram.com/mikrotext

1. Auflage 2019

Cover: Inga Israel
Satz: Sarah Käsmayr
Schriften: PTL Attention, Minion
Druck und Bindung: Kopa, Kaunas

Printed in Lithuania

ISBN 978-3-944543-87-1